FOOD & BABY
世界の 赤ちゃん と たべもの

世界の離乳食から見える
ひと・社会・文化

きひら まりこ

はじめに

　日本には離乳食に悩むお母さん・お父さんがたくさんいます。平成 17 年度の調査では、62.5% の親が離乳食に関する悩みを持っていることが明らかになりました。そこで「授乳・離乳の支援ガイド」が作られ、ゴックン期、モグモグ期、カミカミ期、パクパク期ごとに適した食品やその固さ、形、量などの基準が細やかに決められました。離乳食の本や地域の離乳食教室は、このガイドに沿っています。しかし、平成 27 年度の調査でも、悩みを持つ親は約 75% もいることがわかりました。

　私も離乳食に悩む一人でした。離乳食の本に書いてある量を食べさせているのに、体重が減ってしまったり、手づかみ食べをするはずの時期になってもはじまらず、不安を感じたり。

　周囲の友人に話を聞いても、離乳食の悩みは尽きませんでした。「食べない」「遊び食べをする」「好き嫌いが多い」など、挙げればきりがありません。

　ところが、他の国の友人たちに相談してみたところ、思いもよらないエピソードや解決策が出てきたのです。「日本での当たり前が、世界では当たり前だとは限らない」と気づかされました。他の国の離乳食事情を知っただけなのに、ずいぶん心が軽くなりました。

　これは自分の心の内に留めておくのは、もったいない！ 離乳食に悩んでいるお母さん・お父さんたちに、世界の離乳食とその与え方を伝えれば、Discursive Space（まあいいや、と思える心の空間）ができ、楽しく子育てができる人が増えるのではないか？ と考えました。

　そこで 2019 年 2 月、静岡県浜松市にて、「FOOD & BABY 世界の赤ちゃんとたべもの」展を開催。この展示会でのアンケート結果や、直接お話をさせて頂いた方々、また展示会にお越し頂けなかった方々からも「書籍を作ってほしい」「インタビューの内容をじっくり読みたい」とのお声を頂き、本書を執筆するに至りました。

　リサーチでは、24 カ国、46 名のお母さん・お父さんにインタビューまたはアンケートを実施しました。対象者は、5 歳以下のお子さんがいる方（浜松市在住者は例外）です。インタビューやアンケートでは、質問リストをベースに、追加の

質問で詳しく話を聞きました。また、本書では「番号（国名）」または「番号（生まれた国→子育てをした国）」と表記をしています。回答者は生まれた国だけでなく、子育てをしている国の考え方にも、影響を受けています。そのため「この国ではこの離乳食」という紐付けではなく、それぞれの親子の、離乳食にまつわるエピソードとして楽しんで頂けたらと思います。

時に世界のお母さん・お父さんたちの言葉に、はっと息をのみ、じっくりゆっくりものごとを考えるきっかけをもらいました。そして「離乳食は特別なものではなく、生活の中に自然にあるもの」だと気づかされました。大人の食文化が離乳食に反映されます。その国におけるその時代の食の傾向、食に関する研究の結果、政策までもが離乳食に影響を与えています。そもそも離乳食をあげる目的ですら、私たちの理解とは異なる場合がありました。けれども、どの国のお母さん・お父さんも我が子を愛する気持ちは同じであることは確かです。

世界のことを知ることは、自分たちのことを考えるきっかけにもなります。世界には数え切れないほどのお母さん・お父さん、そして赤ちゃんがいます。数え切れないほどのたべものがあり、数え切れないほどの考え方と事情があります。その組み合わせである「離乳食」も「離乳食を赤ちゃんに与える方法」もまた多様であり、一つの基準だけを見て、正しい・間違っているや、成功・失敗と捉えては、大切なことが見えなくなるかもしれません。

本書を通じて「ベストを期待し、基準に沿った子育て」から「子育てはダイバーシティー（多様）である」という気持ちに切り替えるお手伝いができたら、これに勝る喜びはありません。

最後に、本書を執筆するにあたりご協力、ご支援頂いた多くの方々に、この場を借りて御礼申し上げます。

2019.7.15

きひら　まりこ

Table of Contents

06	最初のひとくち	/ The First Bite
11	味	/ Taste
21	量	/ Portion
29	離乳食って？	/ What's 'Rinyu-shoku' ?
41	気になること	/ Concerns
53	愛情のかたち	/ The Shape of Love
57	思い出	/ Memories
72	世界の赤ちゃん、なにを食べてるの？	/ Recipes

Interviews & Columns

16	インタビュー No.44（ペルー→日本）
17	インタビュー No.38（フィリピン→日本）
19	インタビュー No.33（ブラジル→日本）
35	インタビュー No.37（日本）
37	インタビュー No.34（メキシコ→日本）
40	インタビュー No.45（メキシコ→日本）
47	インタビュー No.46（モンゴル→日本→カナダ）
49	インタビュー（レストラン突撃取材編）
63	インタビュー No.36（日本→オーストリア）
65	インタビュー No.35（中国→日本）
70	コラム「写真で比べる、世界と日本の離乳食」

インタビュー：浜松市在住の方を中心に実施したインタビュー取材の抜粋です。

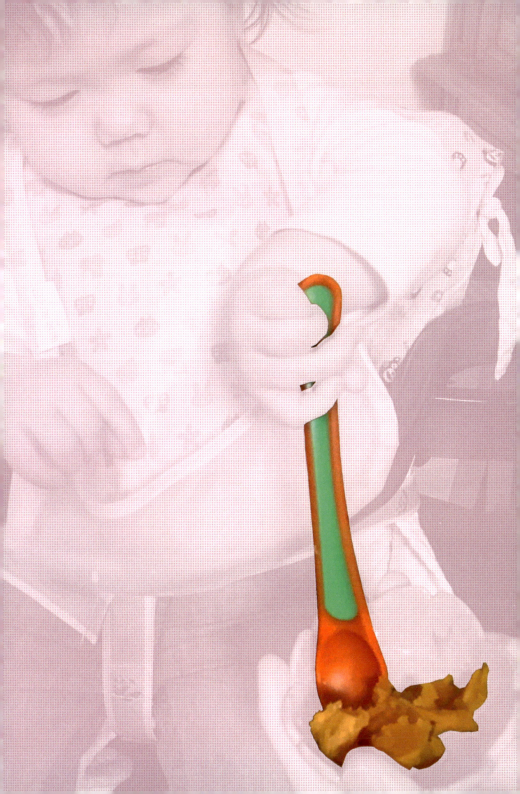

最初のひとくち

The First Bite

インタビューやアンケートの回答をもとに、赤ちゃんに最初に食べさせるものをまとめました。「米」「米以外の穀物」「野菜・果物」「タンパク質」「ミックス」の5パターンに分かれており、地域ごとに特徴があります。赤ちゃんがはじめて口にするものから、その国・地域の味の好みや食文化を垣間見ることができます。日本を含めたアジアの国・地域は、やはり「米文化」だということがわかりますね。

最初のひとくち / The First Bite

蒸したじゃがいもとにんじん
[イタリア]

にんじんのピュレ
[オーストリア]

アボカドジュース
[インドネシア]

フルーツ
[スペイン]

りんごのムース
[ハンガリー]

パパイヤのピュレ
[インドネシア]

野菜のすりつぶし
[オランダ]

煮込んだにんじん
[メキシコ]

野菜・果物

果物や野菜のピュレ
[コロンビア]

米のおかゆやバナナ

［ブラジル］

ミックス

バナナ、アボカド、
小麦がゆ、育児用ミルク

［アメリカ］

さつまいもと
粉ミルクを混ぜたもの

［ブラジル］

米のおかゆと果物や野菜のすりつぶし

［カナダ］

ミルクを入れたやわらかいお米、
いろいろなフルーツ、野菜のペースト

［ペルー］

手作りのローカルスープ
(にんじん、ほうれん草、じゃがいも、米など)

[アフガニスタン]

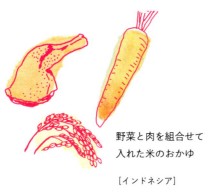

野菜と肉を組合せて
入れた米のおかゆ

[インドネシア]

米のおかゆ、バナナやにんじん

[メキシコ]

フェジョン(豆の煮込み)
を潰したもの

[ブラジル]

memo ················▶
スペインでは、離乳食にpapillas(ピュレ)とtrocitos(細かく刻む)調理法があり、どちらから始めるか論争があるようです。No.27は、鶏肉の手づかみ食べからはじめましたが、体重が増えずのちにピュレ状のものも与えたそうです。

たんぱく質

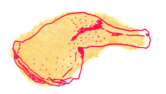

鶏肉

[スペイン]

米ベースの
セレラック（P.24）
[ブータン]

米

おかゆ
[インドネシア]

米のおかゆ
[韓国]
[フィリピン]

重湯、おかゆ、10倍がゆ
[日本]

重湯、インスタントの味や
栄養素が加えられた米粉の
フレークやコーンフレーク
[中国]

セレラック（P.24）の
ステージ1
[ブータン]

小麦ベースのシリアル
(Friso)
[ナイジェリア]

キビ、ヒエ、アワ等の
おかゆ
[ガーナ]

米以外の穀物

小麦ベースの
セレラック（P.24）
[ナイジェリア]

味

Taste

日本では、食材本来の味を伝えるため、塩や調味料、また出汁であっても離乳食初期のレシピにはあまり使われません。では世界の国・地域では、塩や調味料を「いつから」「どのように」使っているのでしょうか？ なかにはわたしたち日本人が驚くような調味料や味付けもありました。

味 / Taste

(Q. ブータンでは唐辛子はいつから食べますか？)

ブータンでは（生後）8ヵ月か9ヵ月から唐辛子を食べ始める子もいます。特に農村部ですね。娘ははじめ唐辛子の味が好きではなくて、食べると「水をちょうだい」って言ってましたね。

No.01（ブータン）

―――――――――

ブータンでは、唐辛子は香辛料ではなく、野菜や果物だと見なされています。

［上］一番辛い唐辛子のピクルス。［左下］市場で売られている唐辛子。［右下］乾燥唐辛子。ちなみに No.17 に写真を送ってほしいと頼んだ時、目の前に 4 種類の唐辛子があった。（すべて）写真提供：No.17

(Q. 離乳食に塩は入れていましたか？)

離乳食にも塩を入れます。**塩入れないと、すぐ腐っちゃうんです**から。魚でも何でも塩。

No.38（フィリピン→日本）

(Q. 調味料は使いますか？)

塩は、子どもが大人と同じ食事をする**2歳頃までは使わなかった**です。コショウは、5歳になる今でも使っていません。

No.28（イタリア）

memo ·················▶
先にハーブや香味野菜、そのあとに調味料という順番が、日本とは逆かもしれません。

(Q. 調味料は使いますか？)

味付けはしません。**ハーブやネギ**などを入れるのみ。

No.30（ブラジル→日本）

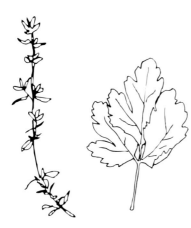

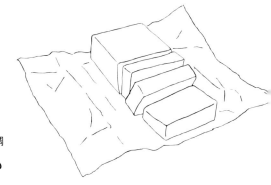

（Q.離乳食のレシピを教えてください）

少しの塩と地元産のバターを入れて調理したおかゆです。お米も地元産のもので Choda dan と呼ばれています。

No.01（ブータン）

（Q.段階的に離乳食の種類や形状、味付けは変えていましたか？）

最初は塩や砂糖などの調味料はなし。（生後）12ヵ月目以降、ごくわずかに塩を加えるようになりました。

No.10（韓国）

（Q.調味料は使いますか？）

塩は使わないようにして、しょうゆを使うようにしていました。

No.44（ペルー→日本）

memo
お姉さんに「塩は赤ちゃんにとって強すぎる」と言われ、しょうゆを好んで使っていたそうです。

Interview in Hamamatsu

No.44

ペルー→日本

(原文：英語)

4歳と8歳の子どもがいます。2001年に来日し、日本で出産しました。私の夫は日本人で、あまりペルー料理を食べませんね。いろいろな料理を試してはいますが、基本的には家庭では日本料理を食べています。ペルーでは、日本料理とは無縁だったんですけどね。

Q.『離乳食』をペルーではどのように言いますか？

わからないです。ペルーにいた時は独身でしたし、離乳食には興味がありませんでした。

Q. はじめて口にした離乳食は？

はじめは**ミルクを入れたやわらかいお米**ですね。ブロッコリーやトマトをペーストにしたものもあげました。**お米、じゃがいもやパンを、ミルクにつけたもの**も。あとはいろいろなフルーツです。パパイヤ、りんご、桃が一般的ですね。**塩は使わないようにして、しょうゆを使う**ようにしていました。姉が、赤ちゃんにとって塩はすごく強いと言っていたので。

Q. 段階的に離乳食の種類や形状、味付けは変えていましたか？

(生後)6ヵ月からはじめました。**2さじから少しずつ進めました**。そのあとどんどん増やしていって。**母乳を1歳まであげていたのですが、やめたあとに種類を増やしました**。サーモンをたくさんあげましたね。(鮭フレークですか？)そうです、**お米に鮭フレークです！ 肉は、1歳半頃から鶏肉や豚肉を少しずつ**。

Q. ペルーの離乳食の定番レシピを教えてください。

ペルーではじゃがいもをよく食べさせます。マッシュポテトにミルクと少しバターを加えたものですね。これは基本ですね。それから**フルーツジャム**も。

2019/Jan/06

Interview in Hamamatsu

No.38

フィリピン→日本

(原文：日本語)

子どもは 3 人。日本で育てたんですけど、1 年間は、長女とフィリピンで暮らしていました。

Q. 段階的に離乳食の種類や形状、味付けは変えていましたか？

うちは（生後）4 ヵ月か 5 ヵ月から離乳食を少しずつ。バナナも 1 日 1 本だけ。フィリピンだと最初はミルク。1 歳までかな。あんまり母乳はあげないみたい。ごはんもあんまりあげないみたい。1 歳からとか。フィリピンでもいろいろやり方があるから。

長女の時は母乳をやめたのは、（生後）7 ヵ月くらいです。長男と次男は、母乳で 1 歳 3 ヵ月くらいまでかな。その間に少しおかゆみたいなものを作って、ほうれん草とかにんじんとかちりめんじゃこを入れて。残ってるごはんがある時に、ごとごと煮て、小さく切ったほうれん草やにんじんも入れて。で、ごとごと。少し日本のだしの素も入れて。

Q. つぶしていましたか？

つぶさず、小さく切って煮て。たくさん作って、2 日くらいで食べ切ります。（生後）4 ヵ月から食べさせたから、歩くのも早かった。

Q. 『離乳食』をフィリピンではどのように言いますか？

英語と同じ。「Baby food」。タガログ語の言葉もあるんだけど、田舎だけでしか使ってない。マニラは Baby food。

Q. フィリピンにいた時はどんなものを食べさせていましたか？

粉ミルクは、あんまりフィリピンになかったので、お米をつぶして粉みたいにして、パウダー状のお米とお湯を混ぜたものをあげて。野菜だけで、肉や魚は入れてなかった。フィリピンではね、野菜はあるし、安いけど…固い。バナナはそのままとって食べさせられるけどね。肉は 1 歳か、2 歳になってからかな。うちは鶏肉と牛肉の赤身の脂がないところもあげてた。

Q. 離乳食に関して何か心に残っていることはありますか？

ばあちゃん（日本人）がいて、本当にうるさかった。外には食べに行ってはいけません、とか。子どもが 3 歳になるまでは外に食事に行けなかった。

タガログ語で「離乳食」を意味する単語。

Q. 離乳食に調味料は入れていましたか？

　離乳食にも塩を入れます。塩入れないと、すぐ腐っちゃうんですから。魚でも何でも塩。しょうゆもあるんですけど、フィリピンのしょうゆはちょっと甘い。少しだけ離乳食に使う。フィリピンの味はちょっと甘い。暑い国だから、甘口だと喉が渇かない。

Q. フィリピンの離乳食の定番レシピを教えてください。

　まあフィリピンではお金がない人、お金が少しある人、お金がたくさんある人で食べるものが違います。日本みたいに、誰でも同じレベルで食べられるわけじゃない。生活が違う。フィリピンではあまり畑が多くないので、野菜をあんまり食べてない人がいますね。マニラの近郊も、あんまり野菜を食べさせない。Squatter Area（不法住居エリア）の人もあまり野菜を食べられない。お米だけやハンバーガーだけ。田舎だったら、畑があって野菜があるので、野菜が安いし、生活もいいし。仕事はあんまりないかもしれないけど、まあお米や野菜を作って生活ができる。

Q. 他に離乳食に関して皆さんに共有したいお話はありますか？

　フィリピンでは野菜を食べさせない人が多くて、子どものおなかが出てるんですよね。例えば、お米と肉。お米と魚。少しトマトくらい。結局バランスが悪いからおなかが出る。まあ私も出てるけど。

　子どもが小さいうちに食べさせないと。今、（日本在住のフィリピン人の）小学校１年生の子が困ってるんですよ。給食が食べられないんです。あんなおいしいのに。野菜があると食べられないんだって。お母さんがあんまり野菜を食べさせなかったから。自分の親が作る料理だけしか食べられない。その子どもはおなかが出てる。

　カルシウムをとらないとすぐ転ぶ。フィリピンで空手を教えてる日本人がいるんですけど、フィリピンで空手をやると、カルシウムが足りないから、よく骨が折れるんだって。日本だったら、ちりめんじゃことか野菜を食べるけど、フィリピンでは食べない。だから日本の方が空手が強い。相撲もあるし。フィリピンはスポーツが強くない。

2018/Nov/08

Interview in Hamamatsu

No.33

ブラジル→日本

(原文：英語)
2歳半の男の子がいます。20年前に移住してきました。うーん、実は日本生まれでブラジルに移住したんですが、母が日本で働いていたので、時々日本に来ていました。私の夫はブラジル人です。

Q. はじめて口にした離乳食は？

日本風のおかゆです。妊娠中に、子育てに関する情報を探していて、**日本スタイルの方が健康的だ**と感じたからです。

Q. 離乳食に関する情報はどこから得ていましたか？

私の場合は本ですね。でもはじめて離乳食をあげる時は、祖母があげました。（おばあちゃんは日本人？）そうです、祖母は日本人です。
肉や魚は、（生後）6ヵ月からあげていたと思います。調味料については、覚えていません。

(その後メールにて)
甘み付けには、ココナッツシュガーとハチミツを使っているので、家に砂糖はありません。

Q. 段階的に離乳食の種類や形状、味付けは変えていましたか？

離乳食をはじめた月は、たべものにとーっても気をつかっていました。でも甘いもの以外はとーっても多くの種類を与えていることに気がついたんです。日本人の医師が書いた本を読んだら、「親は子どものたべものを心配し過ぎるな」と、書いてあったんです。

それから、大人が食べる食事の塩分は控えめで、脂肪分が少なければOKにしました。すごーく気にし過ぎることをやめました。はじめの1ヵ月は...とても、うーんきつかったですね。

Q. 1回の食事量はどうやって決めていましたか？

はじめは、日本スタイルを試していました。1さじずつ...でも2週間後には自分のスタイルに変えました。赤ちゃんが欲しがるなら、あげなさいという本を読んだんです。もし息子がOKなら、食べられるんです。でもはじめは日本スタイルを実践しようとしましたけどね。**ブラジルにはあまりマニュアルがありません。「自由」です。**日本のような基準がないんですよ。

(インタビュー後の雑談にて)

1歳6ヵ月の子どもの健診で、保護者向けのセミナーがあったんですよね。250mlのジュースのペットボトルを見せられて、今の年齢の子どもの胃の大きさはこれくらいだよと言われて...その倍の倍くらい食べてたんですよね。あれーと。

Q. 離乳食に関して何か心に残っていることはありますか？

パリに旅行に行って、友人と子どもに会ったことを覚えています。友人の娘はちょうど1歳で、私の息子は2歳でした。その子は、ケーキやブラジルの揚げ物を食べていたんです！しかもたくさんたくさん。さらにコカ・コーラではないですが、ガラナに似ているコーラのようなジュースを飲んでたんです！私は「わお」と言いましたね。息子には誕生日の時もケーキはあげていなかったので。**ブラジルにはケーキやブラジルの甘いお菓子を食べている子どもがたくさんいるのです。**

Q. ブラジルの離乳食の定番レシピを教えてください。

わかりません。ブラジルは多文化国家ですし、ソーシャルクラスがさまざまです。**富裕層、貧困層、中間層などソーシャルクラスによって食べているものが違います。**なので答えるのが難しいです。バナナは日本でもブラジルでも一般的でしょうね。

(その後メールにて)

ブラジルの離乳食はさまざまですが、共通しているのは「果物」でした。

(後日談)

私の話は「ブラジル人」としての参考にはならないと思います。実は、ブラジル人の夫とはいつも意見や価値観の違いでぶつかっています。夫や夫側のブラジル人の親戚には私の子育ては「Japanese Style」と言われていますが、自分の両親や親戚には、よく「Gaikokujin Style」と言われます。そこで、私は「Mix Style」だと思っています。

2018/Oct/11

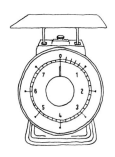

量

Portion

離乳食の量についての質問に答えた日本人（日本生まれで日本で子育て）全員が、「本やマニュアルを参考に決めた」と答えました。世界では、これとは対照的に、赤ちゃん自身の様子を見たり、専門家のアドバイスを受けたりして決めていることが多いようです。その理由の一つとして、世界には日本のように詳細に書かれたマニュアルがあまりないことがあげられます。

(Q. 離乳食の量はどうやって決めましたか？)

私は量を決めていません。
私の赤ちゃんがどれだけ食べたいか
決めます。

No.13（オランダ）

―――――――

オランダの育児書内の離乳食の説明は 6 ページ。月齢ごとに食べさせる食材（野菜、果物など大まかな記載）の説明のみで、量についてはあまり書かれていません。さらに 1 歳までは控える食材とその理由も、大まかに 書いてあるのみです。しかし、赤ちゃんは家族と一緒に食事をするなかで、親の食べ方を観察して学んでいくこと、小さくても親の気分を察すること、飲み物を飲まない時は喉が渇いていないことが記されており、生まれた時から赤ちゃんの自主性が重んじられていることがわかります。

Supplementary feeding

The first supplementary food your child gets is 'extra's', not yet replacing breast- or bottle-feeding. The Youth Health Service will help you decide the right time of the day to start. They usually recommend a small quantity (1 to
or formula fee
tasting so mar
start with. Suit
string beans, p
like most is so
peaches or ma
because you s
babies are qui
your child sma
into his mouth
feedings shou
More on this s

水の飲み方を教えてあげましょう。哺乳瓶からお水が出てくると、赤ちゃんはミルクを期待していて、だまされたと感じるかもしれません。小さなカップでお水をすするこ とから始めるのが良いでしょう。

then gradually move on to other varieties. Baby cereals should be given with a spoon. It is not recommended to give rice or rice products every day, as too much of this food for long periods may be detrimental.
More info on voedingscentrum.nl

Do not be tempted by the never-ending stream of new baby food products available in the shops. They contain a multitude of added flavours, sugars and vitamins. Babies do not need all these products. You can teach your child to drink water. If the water comes out of a bottle, the baby may feel cheated because he is expecting milk. So it may be a good idea to start with taking sips from a small cup.

はじめはパンにマーガリンや、ジャムつぶした果物、ナッツペーストやピーナッツバターを塗っても良いでしょう。

Baby cereal

From the age
porridge to so
mixes. If you h
additives. Add

Eating bread

Many children enjoy sucking on a bread crust: it is a good introduction to bread. Then it is time for small pieces of bread. It is best to start with light brown bread, gradually moving up to whole wheat bread.
If you give your child a slice of bread, apply a thin layer of margarine. Cut the bread into little pieces.
You can add a spread, but you don't have to. Start with an easy spread, such as jam, mashed fruit, nut paste or peanut butter. Starting early with low levels of peanut butter reduces the risk of peanut allergy.

市販のベビーフードでも、自分で作ったものでも OK。自分で作ったフレッシュなものは、より変化をつけやすいので、赤ちゃんは色々な味を知り、楽しむことができます。

hot meal

he next milestone is reached when your baby joins you for a meal. Cook ome vegetables in a little water until they are well done. If that goes well, ou can prepare a small hot meal with some potatoes, rice or noodles and vegetables. Then you can add some fish, beans (legumes) or meat (or a meat substitute). You can use jars of ready-made food or cook yourself. Both are good, but fresh food is more varied and offers your child the chance to learn and appreciate different tastes. You can cook or stew meat, fish or chicken. Eggs must be hard-boiled. Pre-packaged beans are high on salt.

46

AGES 0 - 4

出典:『GrowthGuide, 6th edition of the Netherlands』0-4 歳の離乳食のページ。

量 / Portion

「CERELAC（セレラック）」は、ネスレ社が販売する離乳食ブランド。ブランドとして登録されたのは1949年ですが、開発が始まったのは1860年代で、ネスレ社の創業のきっかけともなった製品。現在は世界中の国・地域で販売されています。これはポルトガルのもの。

（Q. 1回の食事量はどうやって決めていましたか？）

量はセレラックの説明に従ったよ。
でも赤ちゃんの食欲も考えたね。

No.29（ナイジェリア）

（Q. 1回の食事量はどうやって決めていましたか？）

セレラックのインフォーメーション通りにステージを変えていったよ。

No.17（ブータン）

24

（Q. 1回の食事量はどうやって決めていましたか？）

3ヵ月毎に医師からアドバイスをもらって量を変えていた。その医師は義理の兄だからね。

No.04（アフガニスタン）

memo
医師が義理の兄でラッキー！でも本当の親戚なのか？私も彼にシスターと呼ばれている。

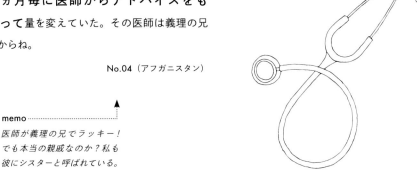

（Q. 1回の食事量はどうやって決めていましたか？）

医師の指導に従いました。

No.12（コロンビア）
No.25（フランス）

（Q. 離乳食に関して何か心に残っていることはありますか？）

神経質にやっている方じゃなかったけど、**親戚に会うと「昔はこんなんじゃなかった、細かい」と言われる**から会いたくなかったかな。

No.37（日本）

（Q. 1回の食事量はどうやって決めていましたか？）

基準の量はない。ただ**どれだけ子どもが食べられるか**だね。

No.02（ガーナ）

量 / Portion

(Q. 1回の食事量はどうやって決めていましたか？)

ブラジルにはあまりマニュアルがありません。「自由」です。日本のような基準がないんですよ。

No.33（ブラジル→日本）

(Q. 1回の食事量はどうやって決めていましたか？)

子どもが食べたがるなら、食べられる。

No.34（メキシコ→日本）

(Q. 定番の離乳食は？)

オーストリアはいろんな人が交ざってるので、これだってのがないんですよね。

No.36（日本→オーストリア）

(Q. 1回の食事量はどうやって決めていましたか？)

量は赤ちゃんを観察して！赤ちゃんが食べるのを拒否するまでよ！

No.15（インドネシア）

(Q. 1回の食事量はどうやって決めていましたか？)

子どものルーティーンを尊重しないと。子どもが「おなかが空いた」と言う時が、良いタイミング。きちんと観察することが大切です。

No.34（メキシコ→日本）

◀・・・・・・・・・・・・・・・・・memo
赤ちゃんが食べる時によく
使うものを量の基準にして
いる人も。

(Q. 1回の食事量はどうやって決めていましたか？)

赤ちゃん用のお皿をメジャーとし
て使っていた。

No.28（イタリア）

(Q. 1回の食事量はどうやって決めていましたか？)

ヨーグルトのポットほどの大きさ。

No.24（日本→フランス）

(Q. 1回の食事量はどうやって決めていましたか？)

赤ちゃんのための**コンサルティングサービス**があります。赤ちゃん
の成長や健康を確認して「あなたはいつ離乳食を開始できるか、どの
たべもので始めるのがベストか」というアドバイスがもらえます。

No.14（オランダ）

離乳食って？

What's 'Rinyu-shoku' ?

「離乳食」とは何でしょうか？ その国の言葉や意味を理解すると、離乳食に対する考え方や、向き合い方が見えてきます。また、離乳食を与える時期や期間もさまざまです。日本では離乳食は「離乳のための食」であり、「離乳とは、母乳または育児用ミルク等の乳汁栄養から幼児食に移行する過程をいう」と定義され、離乳の開始時期は 生後5〜6ヵ月頃、完了時期は生後12〜18ヵ月頃とされています。

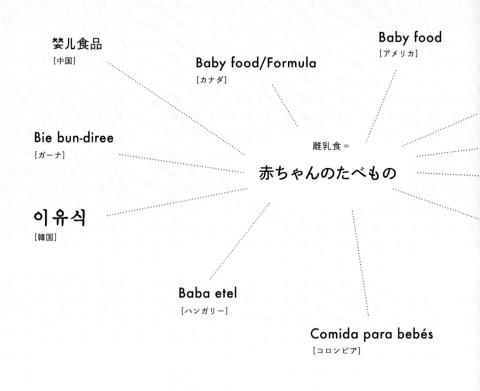
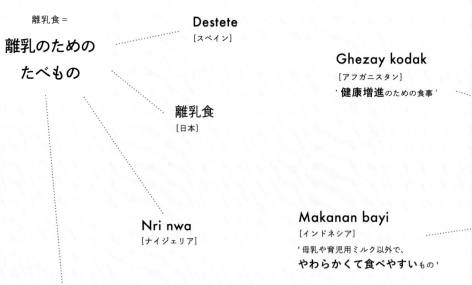

離乳食って何て呼ぶ？

Aluki ge zaygo/Alo gee tooh
［ブータン］

Baby voeding/Baby eten
［オランダ］

Comidas/Papillas para bebés
［スペイン］

Baby food/Pagkain ng bata
［フィリピン］

Baby Nahrung
［オーストリア］
'赤ちゃんの栄養'

La diversification alimentaire
［フランス］
'いろいろ違うものを食べること'

Papilla
［メキシコ］
'ピュレ'

Complementary food
［ナイジェリア］
'母乳を補完するたべもの'

Complementary feeding/foods
［ユニセフ］
'補完食'

離乳食 ＝
その他いろいろ

Papinha
［ブラジル］
'ピュレ'

MP-ASI
［インドネシア］
'赤ちゃんのための栄養'
'母乳や育児用ミルクを補完するたべもの'

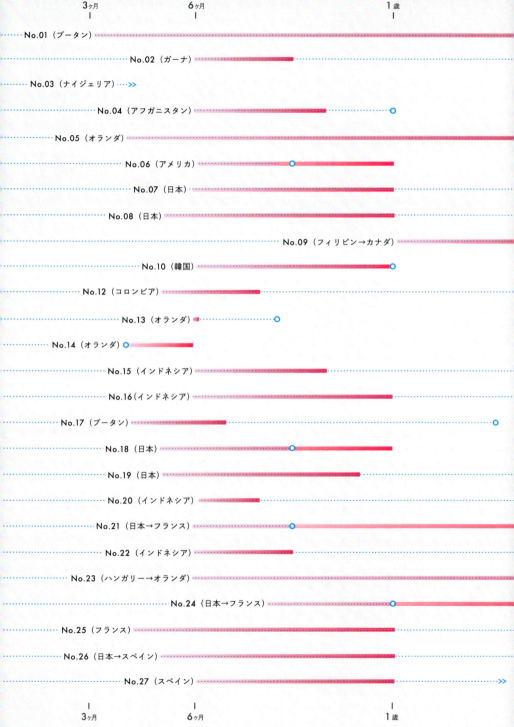

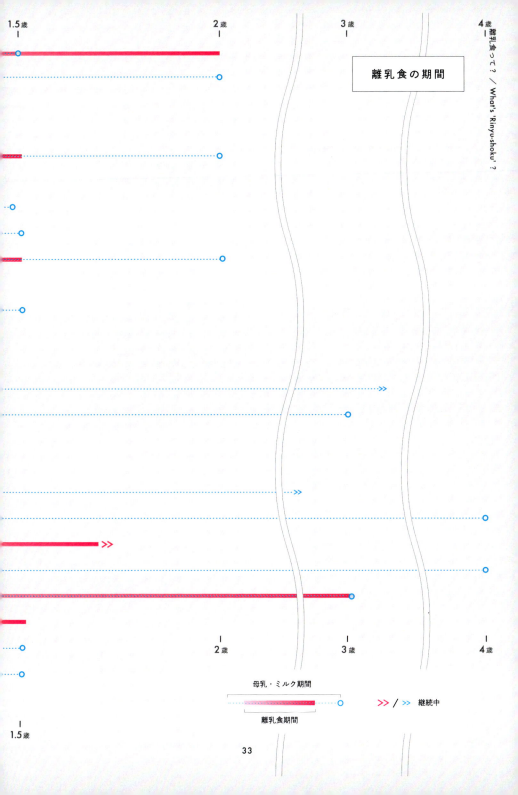

memo
期間から見える、離乳食に対するさまざまな考え方

　日本では、比較的同じ時期・期間に離乳食を与えていますが、世界では、同じ国であってもどうやら違う場合が多いようです。

　例えば、No.01（ブータン）は、セレラックからはじめて、バターと塩を入れた赤米のおかゆに移行しました。そのあと、消化に良くないと考え、2歳までは同じものを与え続け、野菜は加えなかったと話してくれました。一方で、No.17（ブータン）は離乳食初期のセレラックを与えているころから、セレラックがない時はにんじん、ほうれん草、バター、塩入りのおかゆをあげていたそうです。同じ国でも、個人差がとても大きいことがうかがえます。

　No.09（フィリピン→カナダ）の離乳開始時期の遅さが気になる方も多いと思います。カナダでは、以前は1歳以降の離乳開始が一般的だったそうですが、現在では、生後6ヵ月からの離乳食の開始が推奨されています。展示会にご来場頂いたカナダの方からは「今はまだ6ヵ月から開始する人と、1歳から開始する人が半々」とコメントがありました。

　また、離乳食の期間が短いNo.02（ガーナ）やNo.13、14（オランダ）のような国があることがわかります。これらの国では、大人もくたくたに煮た野菜や、穀物の粉を水で練ったものを食べています。そのため、赤ちゃんが「大人と同じものを食べるようになる」までの期間が短いのです。

　反対に、離乳食の期間が長い国もあります。No.23（ハンガリー→オランダ）は、赤ちゃん用にスパイスを控えめにしたハンガリー風スープ（P.80）を作っていました。スパイスやチーズが入ったスープですが、大人用と全く同じではないので離乳食だそうです。また、No.05（オランダ）やNo.21（日本→フランス）は、市販品の「15ヵ月用のベビーフード」や「18ヵ月用のベビーフード」をあげていたそうです。そのため、親が離乳食を完了したと思うまでの期間が長くなっています。

　離乳食ではないですが、インドネシアの授乳期間が長いことも気になります。インドネシアは、育児休業が3ヵ月間で、その時期に母乳から育児用ミルクに切り替える場合が多いそうです。ユニセフの指針により授乳期間が長く、3～4歳くらいまであげる場合も。これは、農村部や離島では十分なたべものがなく、栄養不足の子どもが多いことが理由です。しかし、寝かしつける時にも、哺乳瓶で育児用ミルクをあげるため、虫歯の発生率が高いことが問題になっています。

　離乳食を与える時期や期間からも、それぞれの考え方や事情にあわせて離乳食を進めていることがわかります。

Interview in Hamamatsu

No.37

日本

(原文：日本語)

子どもは、長男、長女、次女の3人です。

Q. はじめて口にした離乳食は何ですか？

おかゆだね。すりつぶし。ブレンダーでガーッと。

Q. 1回の食事量はどうやって決めていましたか？

離乳食の本に書かれている通りにやった、最初の子はね。1日目に1さじあげたら2日目は2さじ。ちょっと慣れたらまた増やす。1週間くらいしたら野菜を1さじ。

次女にはずっとおかゆしか食べさせてなかったね。とりあえず食べることに慣れる。飲み込むことに慣れる。最初はほんとマニュアル通りに頑張ってたけど、何か離乳食を進める上での目標は何かっていうのがちゃんとわかったから、今は飲み込めればいいんだ、何でもいいって。1ヵ月くらいおかゆしか食べさせてなかった。最初はいろんなものを食べさせた方がいいのかな、とか栄養は足りているのかな、とか考えてたけど。半年くらいの時期はとにかく口に異物を入れて飲み込むって練習ができればいいって聞いたから、何をあげてもいいかなって思って…もう、おかゆだけ。考え方が変わるよね。はじめは離乳食の本通り。

Q. 段階的に離乳食の種類や形状、味付けは変えていましたか？

離乳食の本通り。離乳食の本通りとはいえめんどくさいことははぶいて。かいつまんで重要なとこだけやったから、そんなに…大変は大変だけど。うちはみんな食べたから、悩みはそんなになかったかな。

Q. 周りに離乳食に悩んでる人は多いですか？

食べない子だと悩んでるかな、周りを聞いてると。食べない子はこっちが工夫してあげないと。一生懸命やってる人が多いかな。支援センターなどでも、離乳食に関する話題が出ることが多いし、悩んでる人が多いと思う。

おっぱいが好きな子は食べないよね。(生後) 8ヵ月で10キロをこえてる子がいて、いっぱい食べるんだろうなーっと思ったら、次女 (3人目) の5分の1しか。おかゆちょろっと。

Q. 離乳食に関して何か心に残っていることはありますか？

長男（1人目）は出されたら全部手でつかんで食べてたけど、次女（3人目）はつかみ食べしなくって。つかむのも嫌だし、それを口に持っていくのも嫌。私の手からも嫌。謎の現象が起きてて、不思議だなーって。

最初は今やらないとできなくなるんじゃないか、と思って。野菜とかも「これが今食べられないと、あとで苦手になっちゃうんじゃないか」と思って食べさせてたけど。ストローで飲む練習も、長男の時は (生後) 8ヵ月くらいになったら練習。こぼしても、もう1回やってみようかって感じだったけど、何もしなくてもストローで飲めるようになるんだなって。**いつかできればいいかなって。**

神経質にやっている方じゃなかったけど、親戚に会うと「昔はこんなんじゃなかった、細かい」と言われるから親戚に会いたくなかったかな。

Q. 離乳食について調べた情報源は何ですか？

はじめは離乳食の本。今は全く見てないね。長女（2人目）の時は見てたというか、食べていいもの食べちゃいけないものと量の目安については見てたかな。固さはその時に食べそうなもので。

2018/Oct/15

Interview in Hamamatsu

No.34

メキシコ→日本

(原文：英語)

3歳3ヵ月の双子の男の子と女の子がいます。はじめての来日は、旅行でした。その後、10年前に奨学金制度で日本に留学し、フランス人の夫と知り合いました。そして2011年に移住しました。

Q.『離乳食』をメキシコではどのように言いますか？

「Papilla」と言いますね。メキシコらしい言い回しです。(メキシコと同じスペイン語圏の)ペルーでもスペインでも言いません。Papillaはピュレという意味です。

Q. メキシコの離乳食の定番レシピを教えてください。

うーん、最も代表的なのは、**ハヤトウリ**ですね。緑色の。浜松ではブラジル系スーパーマーケットで売っています。メキシコの友達がよく話していますし、メキシコの離乳食の本にも書いてあります。その友達がベビーフードを持ってきてくれたのですが、ハヤトウリのものでした。あとは**洋ナシ**とか**バナナ**も、準備が簡単で甘い。子どもが好きで、母親は料理がしやすいので、いいおやつですね。

Q. 段階的に離乳食の種類や形状、味付けは変えていましたか？

はじめての子だし、日本に住んでいるので、メキシコでどのように進めているかわからないのですが...子どものたべものの問題を考えると、未知ですよね。大学に行って学べるようなものではない。だから何かに頼らなくちゃいけないんです。**日本はすべてそろっていると思います。とてもたくさんのプロトコル（手順・決まりごと）があります**よね。家のインテリアでも、何か変えたい時にホームセンターに行くと、すべてが同じスタイルで、すべてにプロトコルがありますよね。

Q. はじめて口にした離乳食は？

お米にたくさんの水を入れるものって何て言うんだっけ？（おかゆ？）そうです、それがはじめてあげたたべものです。顔が忘れられません。嫌がってないけど、食感にとても驚いていましたね。

Q. その他にお子さんにはどのような離乳食を食べさせていましたか？

はじめのうちは、**お米やバナナ、にんじん**ですね。これは、フランスの調理道具です。すごくすごく

便利でした。赤ちゃんの食事をこれで簡単に準備ができます。固形物を食べはじめる時期になったら、水を入れて、量を設定すれば、蒸してピュレにしてくれます。よく使いましたね。

Q. 1回の食事量はどうやって決めていましたか？

友達が「拳のサイズが胃のサイズ」だと言っていました。でも**「子どもが食べたがるなら、食べられる」**と言えますね。子どもが疲れてご機嫌じゃない時は、子どもが好きなものを作っても、もう遅いですよね。**子どものルーティーンを尊重しないといけませんよね。**子どもが「おなかが空いた」と言う時が、良いタイミングです。きちんと観察することが大切です。保育園の参観日に、子どもたちと昼食を食べたんです。家で食べている量と比べて、すごく少ないと思いました。家では私たちより多く食べているんですよ。

Q. 離乳食に調味料は入れていましたか？

砂糖は全く使っていません。メキシコの栄養士は、5歳まで塩を摂取してはいけないと言っています。時々、ピクニックをする時に塩が入っているたべものをコンビニで買いますが、**家では塩を使いません。**以前、ある保育園に通わせていました。いい保育園だったのですが、たべものが良くなかったんです。毎日揚げ物と塩で。だから保育園を変えたんです。

Q. お子さんの食事についてとても考えていらっしゃるのですね！

私にとって、たべものは燃料じゃないんです。たべものは、子どもにたくさんのことを示す言葉の一つなんです。栄養的なことならブロッコリー、ブロッコリー、ブロッコリー。でも、子どもたちを楽しませることも必要ですよね。

あとは、いろんなところで…メキシコでも同じですが、公園や美容院やいたる所で、子どもにキャン

ディーを渡すことがショックです。良くない！私はいつも子どもたちに「これは必要ないよ」と言ってます。

メキシコでは、子どもの食事は管理されていません。大人の悪い慣習だと思います。コーラを飲んでいるお母さんが、赤ちゃんにも飲ませている光景をよく見かけます。子どもを殺したくはないでしょうが、殺しているのも同然です。メキシコでは「同じたべものをシェアしているからいいこと」だと思っている母親も多いんです。

2018/Oct/11

［左上］ハヤトウリ。　［左下］No.34が読んでいた離乳食レシピの本（スペイン語）と、ピュレを作るためのフランスの調理道具付属のレシピ集。　［右下］レシピの中には動物をかたどったものも。日本の「キャラ弁」に通じるものがある。

Interview in Hamamatsu

No.45

メキシコ→日本

(原文:英語)

私の子どもは 25 歳の娘、18 歳の息子、9 歳の娘と 6 歳の娘です。13 年前に来日して、9 歳と 6 歳の娘は日本で育てました。

Q. はじめて口にした離乳食は？

はじめにあげた離乳食は…口当たりよく煮込んだ**にんじん**です。

Q. 段階的に離乳食の種類や形状、味付けは変えていましたか？

はじめは、実験のように試しましたね。毎日少しずつ増やしていきました。3 日間は同量のじゃがいもを少し与えて。3 回試したあとで、次にハヤトウリ、かぼちゃのように。**野菜からはじめて、野菜をやわらかく煮たものをあげました。問題なかったら、他のものとミックスした料理**をはじめました。肉は、(生後) **7 ヵ月から鶏肉と野菜を細かくしたもの**をあげました。ピュレのようなとてもやわらかいものです。

Q. メキシコの離乳食の定番レシピを教えてください。

野菜と、鶏肉か牛ひき肉をピュレのようにしたものです。あとは、**バナナやりんご**をごはんの最後にあげますね。

Q. 離乳食に関して何か伝えたいことはありますか？

メキシコでは、(生後) **3 ヵ月から離乳食**をあげていました。とても少しの量ですが、3 人の子どもはこの方法で進めました。日本では、(生後) 6 ヵ月からあげますよね。でも、私はどちらでも何の問題もないし、何も違いはないと思っています。一番下の子は日本式ですが、**あまり違いを感じません**でした。どちらの国も、2、3 種類の野菜とお米をやわらかくしたものをあげますよね。

2019/Jan/16

気になること

Concerns

子育てをする国・地域ごとの社会背景もさまざまです。十分にたべものがなく、赤ちゃんが健康に育つことがままならない国と、経済的に恵まれた国とでは、離乳食に関しての興味・関心もずいぶん違います。

（Q. 離乳食の定番レシピを教えてください）

スクイーズパッケージ（吸うタイプ）の離乳食は
ヨーロッパやアメリカで一般的です。
でもみんながゴミ問題を
意識するようになって、
洗ってずっと使えるスクイーズポーチが
人気になってきています。

No.06（アメリカ）

――――――――

大きな瓶詰めのベビーフードを購入し、スクイーズポーチに入れ替え、何回かに分けて食べさせるそうです。入れ替え時に使う「折りたたみ式のじょうご」まであります。

繰り返し使えるスクイーズポーチ。(著者がアメリカのインターネットサイトにて購入)

(Q. 離乳食についてどんな情報が必要でしたか？)

GMO（遺伝子組換え食品）が増えているので、食材についての情報が必要だった。

No.10（韓国）

メキシコでは、コーラを飲んでいるお母さんが、赤ちゃんにも飲ませている光景をよく見かけます。メキシコでは「**同じたべものをシェアしているからいいこと**」だと思っている母親も多いんです。

No.34（メキシコ→日本）

(Q. 離乳食として赤ちゃんに食べさせるものは？)

子どもは塩味より甘い味の方が好きだから、クラッカーより Maria ビスケットの方がいいよ。

No.41（ブラジル）

Maria ビスケット。（著者が日本のブラジル食料品店にて購入）

(Q. 離乳食についてどんな情報が必要でしたか？)

健康、衛生、栄養。

No.02（ガーナ）

memo
WHOのレポートによると、世界では、年間700万人以上の5歳以下の子が亡くなっています。またガーナでは、離乳食を準備する前に、親と子どもの両方が手を洗う人は、半数程度です。

ガーナの食事の様子。（写真提供：No.02）

(Q. 離乳食として赤ちゃんに食べさせるものは？)

カナダではにんじんとりんごだけとか、全粒粉のクラッカーとチーズだけとか。**シンプルでナチュラルな方法**を好みます。**日本は見た目が重要です**よね。私は日本の若いお母さんたちが、色や形にとてつもない努力をしていることが少し心配です。

No.46（モンゴル→日本→カナダ）

Interview in Hamamatsu

No.46

モンゴル→日本→カナダ

(原文:英語)

19歳になる娘がいます。娘が4歳の時に来日し、15歳の時にカナダへ移住しました。娘が0歳から4歳の間はインドネシアのジャカルタや、シンガポールにも住んでいました。日本人の夫の仕事で、いろいろな国に住んでいます。

※ No.46 は、モンゴルから日本に移住する間に、短期間、別の数ヵ国に住んでいた。

Q. はじめて口にした離乳食は？

はじめにあげたのは...**おかゆ**だったと思います。日本式ではなく、**自分流**で離乳食をあげていました。

Q. 離乳食について調べた情報源は何ですか？

18年前はインターネットがなかったので、本を読みましたね。**栄養と離乳食の作り方**に関する英語の本がほとんどでした。私は、市販のベビーフードは好きではないので、すべて手作りをしました。

Q. 1回の食事量はどうやって決めていましたか？

本からですね。でも娘は早産だったので、スタンダードなものにはできませんでした。**本に書いてある平均の量の40〜60%**くらいにしたと思います。

形は...野菜をさまざまな形に切って蒸しました。娘が大きくなってからは、バナナや蒸したりんごも試しましたね。

Q. モンゴルの離乳食の定番レシピを教えてください。

残念ながら、栄養があるものではないんです。娘が(生後)10ヵ月の時にモンゴルへ行って、私の母が伝統的なおかゆを作ってくれたんです。お米ではなく、小麦粉を使います。**小麦粉かゆ**のような感じです。 娘は気に入らなかったですね。乳製品のいくつかも、あまり好きではなかったようです。

※ No.46 から後日送られてきた資料によると、Tsagaan Idee (白いたべもの) と呼ばれる牛や馬の乳製品 (ヨーグルト、カッテージチーズ、高野豆腐のように乾燥して固めたものなど) は70種類以上ある。

寒い国なので新鮮な野菜もなく、離乳食にも野菜は少ないです。缶詰か、時々**ピクルスのような保存された野菜**は食べますが、私は長期間保存できるたべものが信用できないんです。きゅうりやトマトなどの野菜のピクルスは、ほとんどがロシアからのもので、モンゴルの伝統的なものではないです。

Q. 離乳食に関して何か心に残っていることはありますか？

りんごを丸ごと蒸す方法を見つけ出しました。独身で働いていた時は、たべものに気をつけていませんでしたが、子どもが生まれてから世界が変わりました。よい見た目で、素晴らしい香りを残してりんごを蒸すことがポイントです。離乳食で私が成し遂げたことです。私にとって良いことでした！ 娘は今でも蒸したりんごが好きですよ。

Q. 現在はカナダで幼児関係のお仕事をされているとか。カナダと日本の離乳食について何か思うところはありますか？

カナダでは、シンプルでナチュラルな方法で食べることを好みます。日本は見た目が重要ですよね。**私は、日本の若いお母さんたちが、色や形にとてつもない努力をしていることが少し心配です。**種類も多くて、ソーセージとか市販のものもありますよね。

カナダはもっとシンプルで、にんじんとりんごだけとか、全粒粉のクラッカーとチーズだけとか。時々「カナダのお母さんは、日本のお母さんより赤ちゃんに健康的なものをあげているかも」と思いますね。

あと、私は娘にお菓子をあげたことはないのですが、日本ではスナックの販売が一大ビジネスになっていますよね。私はお菓子が好きではないんです。「No お菓子！」。この理由でも、カナダの方が健康的ですね。

2019/Jan/07

Interview in Hamamatsu

レストラン突撃取材編

---

1. マタハリカフェ ／No.39（インドネシア）

（原文：日本語）

Q. 段階的に離乳食の種類や形状、味付けは変えていましたか？

はじめはバナナだけ。そのあとはお米、野菜、魚をどんどん食べさせましたね。

辛いものは家庭によって違うけど、小学生から。早くても5歳くらい。辛いものを食べるまではこういう別のものを作って食べさせてますね。子どもも大人も食べますね。**米粉は普通のお米から作るよりも早い時間でできますね。**娘がちっちゃい時は、野菜を刻んで、煮込んで、**スープみたいにして米粉を上からポトンと入れて。**ビタミンもたっぷりあるし、子どもも好きだし、**鶏ガラと塩、十分おいしい。**

ビーフンも食べます。ラーメンも。昔、子どもは辛いものが食べられないからインスタントラーメンとお米を子どもに毎日食べさせる家が多くて、防腐剤で白血球の減少が問題になったこともありました。Bubur Sumsum（P.76）という米粉でできた大人のデザートも、子どもの離乳食としてよく食べさせますね。

Q. 1回の食事量はどうやって決めていましたか？

どのくらい食べるかだね。子どもによりますね。いっぱい作って、何回かに分けて食べます。

［左］店内の様子。雰囲気も音楽もインドネシアそのもの。 ［右］Bubur Sumsum（骨髄がゆ）の材料。

Q. 外出時はどうしていましたか?

お子様ランチにお金を払える家が少ないので、お子様ランチがあんまりないです。親のごはんを取り分けるから、大人の味に慣れていく。

実際の子どものたべものは、自分で作って持ってく。売ってるのは、日本のインスタントのおかゆ。楽ですけど、インスタントはね、良くない。親が食べるものを少し先に食べさせてから、自分が食べる。

Q. まとめて作って冷凍したり、冷蔵したりしていましたか?

冷凍は基本的にないね。日本みたいにすごく冷える冷蔵庫はないですね。ちょっと、うーん…弱い? たまに停電とかパチッと。冷蔵庫も壊れるので。

Q. 離乳食に関して何か心に残っていることはありますか?

インドネシアの親は、ベビーシッターを結構使っている。娘もベビーシッターに任せていた。あはははは、実は娘が何を食べてたかわかんない(笑)

Q. インドネシアは5歳くらいまで親が食べさせると聞いたのですが。

うん。まあ、子どもが一人ならいつまででも。そう、甘過ぎ、甘過ぎ。

Q. (著者の息子にインドネシアの離乳食を作って食べさせてもらいました)手で食べさせるのですね!

手の方がいいのかも。手で食べさせると、心から愛することが伝わる。熱さもわかるし。

日本のお米が一番子どもに手で食べさせやすい。お米だけじゃなくて、塩とかちょっとおにぎりのような感じにしてもおいしいかもね。

Q. 離乳食で悩んでいるお母さん、お父さんにメッセージをお願いします。

日本の赤ちゃんのためのたべものは、そんなに難しくない。日本にはいろんなものがいっぱいあります。**簡単なのは米粉! 米粉と野菜のスープで、簡単!おいしい!子どもも喜ぶ!赤ちゃんも喜んで食べます。**

2. セルヴィツー　／No.41（ブラジル）

（原文：日本語）

ブラジルで子どもを2人育てました。

Q. ブラジルの離乳食の定番レシピを教えてください。

はじめの頃は、**フェジョン（カリオカ豆）**をつぶしたものかな。（生後）10ヵ月くらいになると、**Sopa galinha（チキンスープ）**にお米を入れて食べさせたり、**Feijao prontinho（フェジョンや豚の脂の煮込み）**を食べさせたり。煮込み料理で、黒い色のものは豚の脂が多いからあまり子どもには「うーん」だけど、Feijao prontinho なら食べられるよ。

1歳くらいからは、ケール、ルッコラ、フェジョンを一緒に煮込んで食べさせたり。浜松にはブラジルの野菜を作っているブラジル人の農家がいるんだよ。

Q. フルーツはいかがですか？

もちろん、いろんなフルーツもはじめから食べさせるよ。あとは、**子どもは塩味より甘い味の方が好きだから、クラッカーより Maria ビスケットの方がいいよ。**ミルクにつけて食べさせたり。

Q. 飲み物はいかがでしょうか？

フレッシュオレンジジュースかココナッツウォーター。ブラジルではココナッツを割って飲むけど、日本ではこのココナッツウォーターだね。大人でもおいしいよ。

当時、生後10ヵ月だった著者の息子におすすめされた離乳食食材。

3.Banh mi & Café　ハドラ　／No.40（ベトナム）

（原文：日本語）

2歳の娘と（生後）3ヵ月の息子がいます。日本で育てています。

Q. ベトナムの離乳食の定番レシピを教えてください。

ベトナムでは**「野菜を食べさせる」**日本風の離乳食がはやっています。私も日本風で、おかゆや、野菜を食べさせました。ベトナムの友人たちからも、日本の離乳食についていろいろ聞かれることが多いんですよ。

私たちの母親世代は、**離乳食で野菜を食べさせなかったから、今も野菜が食べられない人が多い**と言われています。日本人は、離乳食の時から野菜を食べさせるので、野菜を食べられる人が多いですよね。ですので、日本風がいいと言われています。

4.カシミール　／No.42（インド）

（原文：日本語）

Q. インドの離乳食の定番レシピを教えてください。

インドのスパイスは辛いと思われていますが、辛くないスパイスもあります。例えば、白色のスパイスです。**辛くないスパイスを使った煮込み料理（カレー）**を食べさせますね。基本的にはお米とカレーを食べさせます。ナンはレストランで食べるものなので、**家庭ではチャパティ**を食べさせますね。

※このレストランには、メニューに Baby Set がある。全く辛くないチキンとトマトのカレーに、小さめのナン、お米、サラダ、ジュース、アイスクリーム。

「離乳食を食べているくらいの子も、このセットを食べますよ」

レストランの Baby Set。

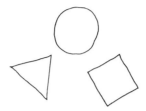

愛情のかたち

The Shape of Love

「大切なわが子には、愛情を込めて作った手づくりの食事をあげた方がよい」という考え方が日本では一般的ですが、世界では市販のベビーフードを毎日のように使っている人もいます。また同じ手づくりでも、調理の手間のかけ方には大きな差があるようです。時間や手間をかけて世話をすることだけが、愛情の形ではないのかもしれません。

オランダのスーパーのベビーフードコーナー。「フェンネルとお米」など、日本では見られない組み合わせも。(写真提供 No.05)

フランスの離乳食。(日本にて著者が購入)

(Q. 市販のベビーフードは使いましたか？)

市販のベビーフードを**使ったことはありません。**

No.25（フランス）

(Q. 市販のベビーフードは使いましたか？)

(生後) 3ヵ月で仕事に復帰したので、離乳食の準備が大変だった。作り置きして冷凍したり、市販のスーパーで買ったものを与えたことも多かった**(よくないと思いつつ)**。

No.24（日本→フランス）

(Q. 市販のベビーフードは使いましたか？)

毎日、市販品を使いました。

No.05（オランダ）

（Q. 市販のベビーフードは使いましたか？）

娘は小麦ベースのミルクシリアルが好きかな。**ベビーフード？ 一度も使ったことがないよ。**

No.29（ナイジェリア）

memo ┈┈┈┈┈┈┈┈▶
ナイジェリアでは「ミルクシリアル」は高級品。余裕がない家庭ではミルクシリアルが買えず、穀物の粉を自分たちで煎って代用しています。ちなみに、ミルクシリアルは少し手を加えて食べさせるので、「出来合いのベビーフード」という認識ではありません。

ナイジェリアのミルクシリアル。（写真提供 No.03）
（※ No.29 も同じものを使用）

（Q. 離乳食に関して何か心に残っていることはありますか？）

アジア系の親戚や友人たちからは**どんな状況でも市販のベビーフードを食べさせないように**と言われました。

No.09（フィリピン→カナダ）

（Q. 離乳食についてどんな情報が必要でしたか？）

簡単でバリエーション豊富な離乳食の作り方。**赤ちゃんが飽きないように、日々のメニューを変えています。**

No.15（インドネシア）

memo ┈┈┈┈┈┈┈┈▶
アジアは食がバラエティに富んでいます。同じメニューに飽きるという感覚を親が持つのは、アジアの特徴なのかもしれません。

思い出

Memories

離乳食にまつわるエピソードを聞きました。日本人はつらかった思い出を語るのに対し、世界の人たちは笑い話や学んだことなど、ポジティブな内容を多く語りました。また、赤ちゃんではなく自分のエピソードや、大人の間のもめごとを語る方も。赤ちゃんが同じ行動をしていても、違う捉え方をしていることにも注目してみてください。

（Q. 離乳食に関して何か心に残っていることはありますか？）

食に関心が薄く、
最初の頃は泣いて嫌がられる毎日。
なのに食べさせなきゃいけないという焦りから
ノイローゼになりそうでした。

悩み　　No.08（日本）

いきなり手づかみ食べをしたけれど、
遊び食べが多くなかなか体重が増えなかった。
結局ピューレ状であげることになり、
そのことで夫とけんかになった。

小話　　No.27（スペイン）

栄養バランスを考えた主食、主菜、副菜。見た目も楽しい離乳食を、毎食準備していた No.08。赤ちゃんが興味をもちそうな食材をあげてみて、自主性に任せようとした No.27。アプローチは全く異なりますが、それぞれ心に残るエピソードがあったようです。

手作りの離乳食の写真。(写真提供 No.08)

手づかみ食べをする様子。(写真提供 No.27)

（Q. 離乳食に関して何か心に残っていることはありますか？）

たべものを理解するために手を使ってたべもので遊んでいた。

❗ 発見　　No.31（イタリア）

（Q. 離乳食に関して何か心に残っていることはありますか？）

1時間ほど赤ちゃんが泣き続けていて…。私たちはなんでこの子が泣いているのかわからなかったんだけど、ただごはんを求めてただけだったんだよ！ **すっかり準備をするのを忘れてた！**

💬 小話　　No.04（アフガニスタン）

（Q. 離乳食に関して何か心に残っていることはありますか？）

後期になってから食べることより遊ぶことの方が楽しくなり、なかなか食事が進まなかったことが**大変でした。**

💧 悩み　　No.18（日本）

（Q. 離乳食に関して何か心に残っていることはありますか？）

あまり食べないと他の子どもと比較して**落ち込む。**

💧 悩み　　No.19（日本）

（Q. 離乳食に関して何か心に残っていることはありますか？）

日本式でやろうと思ったんですけど、食べてくれないと、**すごく落ち込んで泣きました。** 子どもに対して、自分の努力が報われない「はじめてのチャレンジ」が離乳食じゃないですか。

💧 悩み　　No.35（中国→日本）

（Q. 離乳食に関して何か心に残っていることはありますか？）

テーブルに乗ってる食事すべてに興味があって「ちょうだい」とせがんだので、やめさせるためにレモンを口に入れたんだけど。酸っぱくて吐き出すと思うじゃない？ でもレモンをチューチュー吸い始めて、「もっとくれ」って！ **私は彼女のたべものの好みを勝手に決めちゃダメだと悟ったわ。**

　　　　　　　　　　　　　　🗨 小話　　No.28（イタリア）

（Q. 離乳食に関して何か心に残っていることはありますか？）

はじめに離乳食をあげたときに、無理やり食べさせて、**歌って、踊る**まで食べなかったんだ。その時はフラストレーションもたまったけど、**むちゃくちゃ楽しい時期だったよ！**

　　　　🗨 小話　　No.29（ナイジェリア）

思い出の種類：　💧悩み　　🗨小話　　！教訓・信念・発見　　○その他　　⊠特になし

▲種類別「思い出」の分布マップ（場所は子育てをした国）。「💧（悩み）」は、No.35（中国→日本）以外は、移住した方も含め、すべて日本人。

(Q. 離乳食に関して何か心に残っていることはありますか？)

ばあちゃん（日本人）がいて、**本当にうるさかった。**

💬 小話　No.38（フィリピン→日本）

(Q. 離乳食に関して何か心に残っていることはありますか？)

まとめて作り置きをして冷凍していたら、**スペイン人の姑に嫌味を言われた。**

💬 小話　No.26（日本→スペイン）

(Q. 離乳食に関して何か心に残っていることはありますか？)

よい見た目で、素晴らしい香りを残して、りんごを丸ごと蒸す方法を見つけ出しました。**離乳食で私が成し遂げたことです。**

❗ 発見　No.46（モンゴル→日本→カナダ）

(Q. 離乳食に関して何か心に残っていることはありますか？)

離乳食をはじめる時期も、日本の本を読んだから「何ヵ月だからそろそろだ」と思ってたけど、オーストリアで何人も子育てしている人からもうはじめたのー？って言われて。**こんなに気張っちゃったけど、何でもいいんだって。**

❗ 発見　No.36（日本→オーストリア）

Interview in Hamamatsu

No.36

日本→オーストリア

(原文：日本語)

第一子をオーストリアで出産、第二子を日本で出産しました。

Q. はじめて口にした離乳食は？

一番はじめはにんじんのピュレですよね。それに、まず衝撃。**炭水化物じゃないんだ。野菜なんだ。**まだじゃがいもならわかるけど、何でにんじんなのかなって。**味が甘くて子どもが好きだからって言ってました。**量はちょっとわからない。

Q. 市販のベビーフードを使っていましたか？

瓶詰めの種類がものすごいあって、**いくらでも瓶詰めは使えばいいじゃん？　って思っていて...**だけど、最初の子だから気合いが入って、いろいろ作って冷凍していました。結構食べたんじゃないかな？　旅行に行く時は瓶詰めを使って。**瓶詰めはごく普通にみんな使ってた感じ。**野菜や果物のピュレや、料理の名前がついてる瓶詰めもあって。それも、ドラッグストアみたいなところでぶわーって棚があって。瓶に「何歳から何歳」って書いてあったから、それで選んでいくんですけど、**基本的ににんじんとじゃがいもを一番はじめに食べさせて、そのあとに料理系とか。**味はついてないと思うんですけど。

Q. オーストリアの離乳食の定番レシピを教えてください。

オーストリアはいろんな人が交ざってるので、これだってのがないんですよね。鶏肉は体調が悪い時に。お肉の中だと消化がいい。魚は内陸なので食べない。魚はくさい。おいしい魚は、川魚のますです、トラウト。郷土料理としてあるくらいなので、すっごくおいしいんですよ。それはよく食べたね。海の魚はもともと食べないので、離乳食にも入ってこない。小麦系も食べると思います。クヌーデルという小麦粉団子があるので、中に具を入れたりもしますけど、シンプルなものは入れない。日本で言うと、すいとんみたいな感じ。そのまま離乳食になるようなものですよね。

にんじんとじゃがいもはよく食べさせました。グリーンピースみたいな豆系も。大人も同じものですね。あんまりバラエティーはない。スープはもったり系はハンガリーのグラーシュという牛肉の入った赤いスープもあるけど、クヌーデルが入ってるのは透明なさらっとしたスープです。

オーストリアには Kinder Thee（子どものお茶）というものがあるんですが、風邪をひいた時に良いと

聞いていたんです。私は Thee（お茶）ってのが残っちゃって、子ども用のお茶じゃなくて普通のお茶をあげちゃったから、子どもがギンギンになって泣き叫んじゃって。Kinder Thee は、カモミールとかいろんなものが入っているハーブティーだったんですけどね。

Q. 海外での出産・育児で何か心に残っていることはありますか？

離乳食の話の前に、子どもを産んだ病院での食事もびっくりして。お母さんの食事を通じておっぱいに出るから、**キャベツは食べちゃダメって言われたんですよ**。子どものゲップが多くなるから。本当にそうなのかなあ。「日本人だから関係ない！ 食べる」って言って食べてたけど（笑）

あとは、入院中にコールドミールの日があって、夕食なのにハムとチーズとパンだけ。えーって思って。つらい。量は少なくはなかったと思うけど、えーって思って。ずいぶん違うなって。

離乳食の指導も全然なかった。お風呂への入れ方の指導もなかったし、私が聞いたら「そんなこと知りたいの？」って。バケツみたいなのにつけてちょんちょんと。これでいいのよーって。下の子は東京で産んだら、病院でみんな真剣にメモとって、質問がバンバン飛んで。これもまたカルチャーショックで。

おっぱいをあげる時間とか量とかも全く記録はとらなかったし、いつあげるとかも言われなかった。泣いたら飲ませればいいのよって。ところが東京では、みんなで一斉におっぱいをあげましょう、みたいな。記録をとってくださいって言われて、えー！

私が食べながらおっぱいをあげてたら、看護師さんが「何やってんのー！」って。えー私何やっちゃったかなって思ったら、そんな危ないことやらないでって。廊下のベンチでおっぱいをあげてたら「ダメダメ！ あなた、そんなところであげちゃダメ」って言われて。**本人がっていうより、周りが気にするからダメって感じで言われる。**

離乳食をはじめる時期も、日本の本を読んでたから「何ヵ月だからそろそろだ」と思ってたけど、オーストリアで何人も子育てしてる人からもうはじめたのー？ って言われて。**こんな気張っちゃったけど、何でもいいんだって。**

Q. ではオーストリアでの最初のお子さんの育児でギャップを感じ、日本での二番目のお子さんの育児でもギャップを感じられたのですね。オーストリアとの違いはどこから来ているのでしょうか？

これは本で読んだり人から聞いたりした話なんだけど、ヨーロッパとかブラジルは、愛情表現が子どもの時からいつでもアブラッソ（ハグ）。タッチがすごく多い。常に接することで、愛情表現を伝える。日本は、子どもに対してもあまりぎゅーっとしない。お世話をすることで、愛情表現をしていく。甲斐甲斐しく世話をやくことで。**ヨーロッパは子どもに自分でやらせることが多いけど、言葉やタッチ**

で愛情を表現していく。日本はやってあげることが大切。離乳食の手作りも含めて、日本はやってあげることが。

私からすると、結局オーストリアで産んだって、都立病院で産んだってどこで産んだって子どもは子どもの力を持ってるから、どこで産んだから神経質だとかどこで産んだからどーんと構えてるとかあんまり関係ないと思っている。もっと子どもの力を信じればいいのに、と思うんだけどねえ。

2018/Nov/08

Interview in Hamamatsu

No.35

中国→日本

(原文：日本語)

夫は日本人です。息子が2人います。天津（北京のすぐ隣）出身で、13年前の長男が（生後）5ヵ月の時に来日しました。

Q. 写真をご用意頂きました。

いとこの2人目がちょうど生まれて、今、(生後) 8、9ヵ月の伝い歩きしている時期で、写真を送ってもらったんですけど。ごはんを食べてる様子（ベビーベッドに立って食べている）写真です。これは、中国で市販されているアメリカの会社で作ってる米粉のフレークや、コーンフレークですね。いろんな栄養素が入っています。シリアルのようなお湯で溶かすおかゆです。

Q. いとこのお子さんは段階的に離乳食の種類や形状、味付けは変えていますか？

おかゆからはじめます。重湯です。日本と似たような感じです。**欧米風の米粉のシリアルは、いろんな味の米粉で、お湯で溶かすとおかゆが作れます。**野菜を増量したりとかそのままあげたりとか。これは手作りのおかゆの写真なんですけど、**ゆで卵の黄身をちょっとパラパラつぶして入れたり、**ほうれん草を入れたり。これは**煮麺**ですね。乾麺ではなく生麺。中国ではそうめんみたいな生麺が売っています。量り売りで、市場に行けば買えます。それをやわらかく煮て、味付けをします。これは**トマトとほうれん草か、わかめ。**わかめは消化に悪いから入れてないと思うけど、**緑色野菜などを入れますね。**

中国は川魚が多いんですけど、煮込んで骨のないところをとってほぐしてあげてる。**子どもだけのため**

 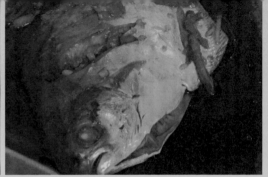

［左］トマトとほうれん草入りの麺。　［右］川魚の煮物。

に何か作るっていうより、大人のごはんの中から、何かわけてもう少しやわらかく煮込んだりとか。

Q. 離乳食に調味料は入れるのでしょうか？

薄味です。何も味をつけないということではないんですけど。中国の料理はもともと味が濃いですが、昔と違って、栄養や塩分への意識も高まってきています。子どもの食事にも「しょっぱいんじゃないんじゃないの？」とか。金銭的に余裕がある人たちは、市販の野菜でなく、有機栽培の野菜を買ってますね。結局、生活に余裕があれば、心の余裕もあるので、そこで差が。

Q. 日本のように1さじずつですか？

いや、そんなに量ってはいない。あげてみてもっと欲しがったらあげる。今日はあまり食べない。そんなにきっちりとはやってないですね。

Q. 日本は基準がきっちりと決まっていますが、中国はいかがですか？

まあ適当です。そんなにきっちりとはしてなくて。だいたい子育てしてるのはじいちゃん、ばあちゃんなので、中国では親は悩みがないんですよね。おじいちゃん、おばあちゃんから伝授ですね（笑）自分たちで育ててないんですよ本当は。

1970年以降に生まれた子は、だいたい一人っ子。特に、都会はほぼ。一人っ子どうしが結婚すると、じいちゃん、ばあちゃん4人に対して孫1人。だいたい55歳から60歳で定年になって、うちの中にいてやることがないので「孫の面倒見てあげるわー」みたいな。共働きが基本なので、6ヵ月になるともう働かなくちゃいけないのですが、保育園はないですね。3歳からの幼稚園しかないです。なので、(生後)6ヵ月から3歳まで親に見てもらう。基本的に、私の周りはみーんな親に見てもらってます。

Q. 中国はおじいちゃん、おばあちゃんにはどの程度任せているのですか？

自分の友達やいとこたちは、新居を実家のすぐ近くに構えて「子どもをお願いします」って日曜日の夜

に連れていって、子どもは1週間ずっと泊まり。若い夫婦は仕事が終わって、6〜7時に「ただいまー」ってじいちゃん、ばあちゃんの家へ。ごはんが用意されているので、食べてから「おやすみー」って新居に戻って寝て。で、そのまま仕事に行って。子どもはずーっとじいちゃん、ばあちゃんのところにいるんですよ。**土日はじいちゃん、ばあちゃんは休み。**若い夫婦が子どもたちを連れて遊びにいったりとか。土日だけはじいちゃん、ばあちゃんは自由。

中国は、家族の内と外ははっきりしています。日本だと、家の中でも「ありがとう」「ごめんなさい」ってちゃんと言うんですけど、**中国ではやってくれて当たり前。やってあげることが当たり前。だって家族だもん。そんないちいち言うと水くさい、**という考え方。自分の父親に久しぶりに会って、やってもらったから「ありがとう」って言ったら「何でそんなこと言うんだ！」って逆に怒られました。子どもを見てくれてありがとう、ではない。日本では、「これ以上は自分でやりなさいよ」というラインがあり、基本は自分で子どもを育てる。中国の親から「あんたは苦労してるんじゃない？　中国にいれば全部やってあげたのに。周りのみんなは幸せよ。あなたは、仕事もして、子どもも2人育てて」と言われたことはあるけど、そこは違うんだよ。私は幸せなんだよ。考え方が違いますね。

Q. ご自身は離乳食に対してどのような考えをお持ちですか？

歯が生えてきたら … 断乳をしたら … 普通におかゆって自然の流れで中国でやってきてたんですけど。日本に来ると、離乳食という言葉が … 本を読むと「食育のスタートなので、これがきちんとできないとこの子は将来ごはんに対していい子になれない」という思い込みで一生懸命でした。　私は「やらないと負けちゃう。普通の日本人の子と違っちゃう」って。何もかも中国のすべてを捨てて、と言ってももともと何も持ってなかったけど（笑）日本式でやろうと思ったんですけど、食べてくれないと、すごく落ち込んで泣きました。幸い、日本の母（義母）と一緒にずーっと同居してきて、一生懸命アドバイスしてくれたり、子どももあやしてくれたりして気が晴れて。一人で悩むこともなく、いろいろ話を聞いてもらいました。

子どもに対して、自分の努力が報われない「はじめてのチャレンジ」が離乳食じゃないですか。はじめて、私の思う通りにならない。自分がこんなに努力してるのに … 思うようにならないことがショックでしたね。

上の子の時は特に、他の子と比べました。保健センターのイベントに連れていって、そこで「うちの子はすごく食べるんだよー」という話を聞くと、うらやましくて。何でうちの子は食べないのかな？　とか比べたりするんですよね。私が悪いのかな？　とか。

でも、今考えてみると、あの時の努力は無駄ではない。**自分は外国人なので日本の食事をあまり知らなかったんですが、本を読んで、栄養とかバランスを気をつけるようになりました。離乳食だけでなく、大人の食事も全部一緒なんですよね。**栄養だったり、色づかいだったり。すごく勉

強になりましたね。

Q. ちなみに、お子さんにはどのような離乳食を食べさせていましたか？

手作りがほとんどでしたね。たまにパンがゆや、グラタンも作ったり。下の子の時は、とりわけをしていましたね。特別なメニューじゃなくて、あるものをやわらかく煮込んだりしていました。

Q. 離乳食について調べた情報源は何ですか？

日本の離乳食の本や雑誌です。天津の外国語大の日本語学部で4年間勉強して、仕事も通訳の仕事をしていたので、日本語の壁はありませんでした。それでもホームシックになったり、うつ病になりかけたりした時期もあって。家の中で引きこもりだった時期も。長男はクリスマス生まれなんです。長男が(生後) 5ヵ月になって、日本にきたらすぐに梅雨に入って。天津は乾燥してて秋田みたいな気候です。梅雨もはじめてなんで、さらに憂うつになって、すぐに中国に帰ったんですよね。夏の間2ヵ月ずーっといて。「もう帰ってこないんじゃないか」って日本の母に言われてました（笑）

Q. 里帰り中は中国でも離乳食を食べさせていたのですか？

向こうに帰ったら、もう母に任せっきりで。翌年も1歳半くらいの時にまた2ヵ月くらい帰りました。ちょうど言葉を覚えはじめる時期です。ごはんも、とうもろこしや、向こうの何も味のない蒸しパンをそのままかじって食べていましたね。

Q. 離乳食に関して何か心に残っていることはありますか？

「食べてくれない」ですね。1回のごはんに1時間かかったり、動き回るので歩行器の中に入れて、足でおさえて「食べて、食べて」って言っても食べてくれなくて...私が怒ってバーンとやって泣いて、子どもも泣いて。そしたら母が下から上がってきて。「そんなことで泣かなくてもいいじゃない。あなたはこの子は自分の子だと思ってるから、怒ってるんだよ」って言われて。今でもたまに、

アドバイスの軸として言われるんですけど。**中国だと子どもは自分のもの。**日本人も、いい高校に、いい大学にって思ってる人もいますけど。母は「この子は社会に戻さなくちゃいけないから、社会の役に立つ人間を育てるために、あなたのところにいるだけなんだよ」って。「この子は将来苦労しちゃいけないんだ」「お金持ちになってほしい」「いい生活してほしい」「いい人と結婚してほしい」と思って、周りが見えなくなっちゃったりするので。それはダメだよ、と今でも言われています。母には頭が上がらないというか、尊敬する人ですね。ま、毎日いろいろ頼んでるんですけど（笑）「今日は忙しいから夕飯を頼むー」って。私の中ではずっとここ（心）にいる人です。まあ、生きてるんですけど。相談できる人は日本の母だけなんで。実家の母より私の精神的な支えになってますね。

Q. お子さんと一緒に日本にいらっしゃって、最初はご苦労をされたのですね。

言葉がわかっていても、見る風景とか、人の歩き方とか、着てる服や髪型や…すべてが今まで見てきた風景と違っていて、それがストレスになる。

子どもを言い訳にするんですよ。性格はわりとあちこちに行きたいタイプなんですけど、ホームシックも加わって、この子の面倒見なきゃ、一歩も離れちゃダメって思って。ずっと家の中にいて。子どものせいにしていましたね。

日本に来たんだから、日本の家庭に入ったんだから、これから100%日本人のようにやりたい。この子が学校に入って「やっぱりこの子のお母さんは中国人だね」って絶対思われたくないので。「日本人のお母さんに負けないくらい、何でもやるわ」という気合いで来たので、あえて中国人の中に入らなかったですね。今まで中国人だねって言われるのがすごい嫌で。ばれるのが嫌で。頑張ってきたんですけど、最近は「そんなことしなくてもいいんじゃない？」「中国人だってばれちゃってもいいんじゃない？」って。

Q. 離乳食で悩んでいるお母さん、お父さんにメッセージをお願いします。

「食育」はとても大切。日本だけじゃないですかね？「食育」という言葉があるのは。食事のバランスとかバリエーションも、日本ならではです。食に対する日本人の執着じゃないんですけど、こだわりがすごくて、世界のどの国よりも取り入れていて。これは文化の一つですよね。それが、日本にしかないとてもいいところだと思います。

いい頭脳といい体を持つ子どもを育てるためには、食事はとても大切。手抜きはしてもいいですけど、いい加減にはできない。ただしこう（周りが見えなく）ならないように。特に、離乳食の時は自分の努力が報われるためにやるのではなくて。**赤ちゃんだけど、一対一の人間だから。**私がやってあげても返ってこないことがあるのは当たり前、って思った方が自分の気持ちがすごく楽です。

2018/Oct/29

ブータンの米かゆをつくる調理器具／No.01

オランダの生後4ヵ月〜のかぼちゃの離乳食。1回分が125gと多い／No.05

ブータンのバター入り米かゆ／No.01

フランスの鶏肉とキノアの離乳食／No.21

お父さんに食べさせてもらう（フランス）／No.21

立ちながら離乳食を食べている様子と中国の離乳食／No.35

ガーナでは離乳食＝大人も食べる穀物を練ったもの／No.02

| 世界 |

写真で比べる、世界と日本の離乳食

インタビューやアンケートの協力者に「離乳食」「お子さんが離乳食を食べている様子」「調理の様子」など、離乳食にまつわる写真の提供をお願いしました。日本のお母さんたちからはきれいな離乳食の

1歳のお誕生日特別メニュー／No.37

離乳食とスプーンを手にしている様子／No.19

おかゆと7ヵ月の赤ちゃん／No.07

きれいな色、きれいな盛り付けの離乳食／No.07

ハーフバースデー用特別離乳食メニュー／No.18

キャラクターの離乳食／No.19

丁寧に盛り付けられた離乳食／No.08

日本

　写真や、赤ちゃんと離乳食の写真、行事用に作った特別な離乳食の写真を頂きました。一方、世界のお母さん・お父さんたちからは「写真は1枚も撮ってないよ」と言われたり、市販のベビーフードのパッケージの写真が送られてきたりしました。離乳食・赤ちゃん・親との距離感や写真を撮るアングルの違いも面白いですね。送られてきた写真を見て、ぜひ違いを楽しんでください。

世界の赤ちゃん、
なにを食べてるの？

Recipes

インタビューやアンケートで、その国ならではの離乳食のレシピを聞き、教えてもらったレシピを元に、世界の離乳食を再現しました。国や地域によって食材もさまざま。また、調味料の使い方や調理時間も大きく異なります。赤ちゃんのためだけに作るものもあれば、大人も同じものを食べるパターンもありました。どんな味がするのか、ぜひ想像しながらご覧ください。

10倍がゆ

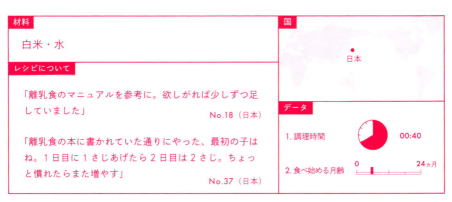

材料	国
白米・水	日本

レシピについて

「離乳食のマニュアルを参考に。欲しがれば少しずつ足していました」　　No.18（日本）

「離乳食の本に書かれていた通りにやった、最初の子はね。1日目に1さじあげたら2日目は2さじ。ちょっと慣れたらまた増やす」　　No.37（日本）

データ

1. 調理時間　00:40
2. 食べ始める月齢　0 – 24ヵ月

肉入りがゆ

材料	国
白米・牛肉・水	韓国

レシピについて

「ほとんどの離乳食はお米ベースで、牛肉か鶏肉が入っています」

No.10（韓国）

データ

1. 調理時間　00:30
2. 食べ始める月齢　0 〜 24ヵ月

ほうれん草とトマトの麺

材料
麺・ほうれん草・トマト

レシピについて
「中国ではそうめんみたいな生麺が市場で売っています。それを柔らかく煮て、味付けをします」

No.35（中国→日本）

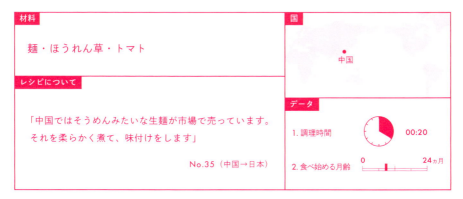

国: 中国

データ
1. 調理時間　00:20
2. 食べ始める月齢　0 — 24ヵ月

骨髄がゆ

材料

米粉・ココナッツミルク・パンダンリーフ
塩・水・ココナッツシュガー

レシピについて

「断食月に食べられるものです。骨髄の色に似ているので、この名前で呼ばれています」

No.15（インドネシア）

※骨髄がゆは、大人のおやつ。パンダンリーフは香りづけのための葉。

国

インドネシア

データ

1. 調理時間　　00:20
2. 食べ始める月齢　　0 ─── 24ヵ月
※ソースなしの場合は6ヵ月から。

アボカドのピュレ

材料

アボカド・水

レシピについて

「ある時、赤ちゃんの顔が緑っぽくなってきて、びっくりしました。しばらく考えて、数日前にアボカドを食べさせたからだ！と気づきました」

No.22（インドネシア）

国

インドネシア

データ

1. 調理時間　　00:05
2. 食べ始める月齢　0　　24ヵ月

赤米の米粉とバターのおかゆ

材料

赤米の米粉・バター・塩・水

レシピについて

「最初の数ヵ月は、消化に良いセレラックを食べさせ、そのあと、米粉のおかゆに変えます。赤ちゃんが2歳になるまでは、野菜は何も加えません」

No.01（ブータン）

国

ブータン

データ

1. 調理時間　00:20
2. 食べ始める月齢　0 ― 24ヵ月

米と野菜のスープ

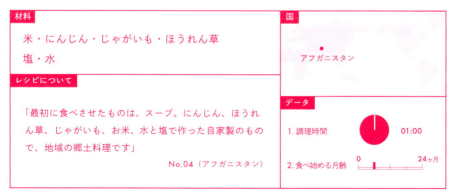

材料

米・にんじん・じゃがいも・ほうれん草
塩・水

レシピについて

「最初に食べさせたものは、スープ。にんじん、ほうれん草、じゃがいも、お米、水と塩で作った自家製のもので、地域の郷土料理です」

No.04（アフガニスタン）

国

アフガニスタン

データ

1. 調理時間　01:00
2. 食べ始める月齢　0 — 24ヵ月

カリフラワー & チェダーチーズスープ

材料
カリフラワー・玉ねぎ・にんじん・セロリ・食物油・ベジタブルスープストック・チェダーチーズ・ナツメグ・パプリカ・胡椒

レシピについて
「新しいハンガリー風スープを食べさせるたびに、赤ちゃんが下痢をしました。でもそのうちに慣れて、下痢をしなくなりました」
　　　　　　　　　　No.23（ハンガリー→オランダ）

国
ハンガリー

データ
1. 調理時間　　00:50
2. 食べ始める月齢　0 〜 24ヵ月

にんじんのくたくた煮

材料	国
にんじん	●オランダ

レシピについて

「離乳食の調理時間＝大人の食事の調理時間です。私たち大人もにんじんを食べます」
　　　　　　　　　　　　　　　　　No.13（オランダ）

※オランダの特に田舎では、くたくたに煮たにんじんや豆をよく食べる。

データ

1. 調理時間　00:30
2. 食べ始める月齢　0 〜 24ヵ月

白パン & レバーペースト

材料	国
白パン・レバーペースト	オランダ

レシピについて

「最初に食べさせたものは、耳のついていない白パンに、やわらかいレバーペーストをのせたものです。夕食には、じゃがいもなどをブレンダーで細かくつぶしたものをあげました」

No.14（オランダ）

データ

1. 調理時間　00:01
2. 食べ始める月齢　0 〜 24ヵ月

※育児書では「8、9ヵ月頃から」。

トム・ブラウン

材料

とうもろこし粉・大豆粉・ピーナッツ粉
水・ココナッツシュガー・練乳

レシピについて

「トムブラウンは大人の朝食です。パンにつけて食べます」

No.02（ガーナ）

※ガーナでは、あらかじめ粉類を混ぜた「トム・ブラウン ミックス」が売られている。

国

● ガーナ

データ

1. 調理時間　　00:20
2. 食べ始める月齢　0 ─ 24ヵ月

くだもののピュレ

材料
バナナ・りんご（煮る）・オレンジ・水

レシピについて
「(生後) 6〜8ヵ月以降に、肉のペースト、シリアル、野菜のピュレなど、たべものの種類を増やしていきました」 No.12（コロンビア）

国：コロンビア

データ
1. 調理時間　00:20
2. 食べ始める月齢　0 〜 24ヵ月

マック＆チーズ（Mac'n Cheese）

材料

マカロニ・チェダーチーズ・バター（・牛乳）

レシピについて

アメリカの国民食的なたべもの。インスタントや冷凍のものも多く出回っている。

※レシピは No.32（日本→アメリカ）の回答より。

国

アメリカ

データ

1. 調理時間　00:25
2. 食べ始める月齢　0 ー 24ヵ月

※牛乳を入れる場合は1歳以降。

ハヤトウリのピュレ

材料

ハヤトウリ・水

レシピについて

「ハヤトウリは、浜松ではブラジル系スーパーマーケットで売っています。友達がメキシコから市販のベビーフードを持ってきてくれたのですが、ハヤトウリのものでした」

No.34（メキシコ→日本）

国

メキシコ

データ

1. 調理時間　00:15
2. 食べ始める月齢　0 〜 24ヵ月

フェジョン

材料
カリオカ豆・玉ねぎ・にんにく・塩・水・植物油

レシピについて

フェジョンはカリオカ豆などインゲン豆を煮込んだブラジルの家庭料理。各家庭ごとにレシピがあるようだ。豚肉を入れる場合もあるが、豆だけのものは、赤ちゃんにも食べさせるそう。

✧レシピは No.41（ブラジル→日本）の回答より。

国

ブラジル

データ

1. 調理時間　01:00
2. 食べ始める月齢　0 ─ 24ヵ月

主要参考文献

厚生労働省（2005）「平成１７年度　乳幼児栄養調査結果『Ⅱ 結果の概要　２．離乳食の状況について』」

厚生労働省（2015）「平成２７年度　乳幼児栄養調査結果『第１部　乳幼児の栄養方法や食事に関する状況』」

Alava, A., and Lasheras, T., 2017. MANUAL SOBRE como ofrecer UNA ALIMENTACION COMPLEMENTARIA SALUDABLE.

Amsterdam Municipal Health Service (GGD), 2018. Growth Guide 0-4 YEAR 6th ed. in English.

Taylor, C., 2007. Modern Social Imginaries 4th edition. Duke University Press.

Food and Agriculture Organization of the united nations(FAO), 2017. GUIDE TO CONDUCTING PARTICIPATORY COOKING DEMONSTRATIONS TO IMPROVE COMPLEMENTARY FEEDING PRACTICES.

Healthy Child Manitoba, 2017. Feeding Your Baby 6 months to 1 year.

Leeuwis, C., 2011. Rethinking Communication in Innovation Processes: Creating Space for Change in Complex Systems.

Perez-Escamilla, R., Segura-Perez, S., and Lott, M., 2017. Feeding Guidelines for Infants and Young Toddlers: A Responsive Parenting Approach.

Rico, L., Pick, J., and Witteveen, L., 2015. Visual informed consent: informed consent without forms.

United Nations Children's Fund(UNICEF), 2016. Palm oil and children in Indonesia.

US Agency for International Development, 2011. GHANA PROMOTION OF COMPLEMENTARY FEEDING PRACTICES PROJECT BASELINE SURVEY REPORT.

Witteveen, L., 2009. The voice of the visual : visual learning strategies for problem analysis, social dialogue and mediated participation.

World Health Organization(WHO), 2012. Technical note Supplementary foods for the management of moderate acute malnutrition in infants and children 6-59 months of age.

FOOD & BABY　世界の赤ちゃんとたべもの

世界の離乳食から見える ひと・社会・文化

2019 年 9 月 1 日　　初版第 1 刷発行
2024 年 8 月 1 日　　第 3 版第 1 刷発行

著者
きひら まりこ（maru communicate）

構成・編集・ブックデザイン・イラスト
小粥 千寿（Chizu Ogai research + design）

Special Thanks
インタビューにご協力いただいたみなさま
（公財）浜松国際交流協会（HICE）
Loes Witteveen / Van Hall Larenstein 応用科学大学（オランダ）

発行所
株式会社三恵社
〒 462-0056 愛知県名古屋市北区中丸町 2 丁目 2 4 − 1
電話　052-915-5211 ／ FAX　052-915-5019
URL　https://www.sankeisha.com

この本に記載されている離乳食や与え方は、協力者個人の考えに基づくものです。

乱丁・落丁本は送料小社負担にてお取り替えいたします。
本書の無断複写・複製・引用を禁じます。

© 2019 Mariko Kihira
（photo p73 -p87　© 2019 Chizu Ogai）
ISBN　978-4-86693-100-5　C0077